AF478811

Bilingual Kiddos
PRESS

ก

ก ไก่

KO KAI

ข

ข ไข่

KHO KHAI

ฃ

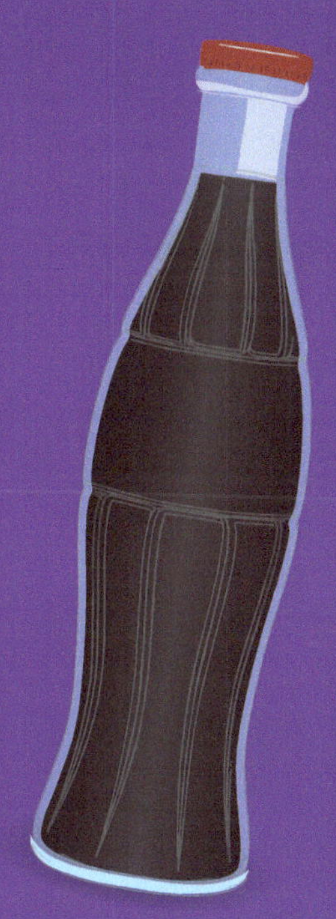

ฃ ขวด

KHO KHUAT

ค

ค ควาย

KHO KHWAI

ค

ค คน

KHO KHON

ฆ

ฆ ระฆัง

KHO RA-KHANG

ง

ง งู

NGO NGU

จ

จ จาน

CHO CHAN

ฉ

ฉ ฉิ่ง

CHO CHING

ช

ช ช้าง

CHO CHANG

ซ

ซ โซ่

SO SO

ฌ

ฌ เฌอ

CHO CHOE

ญ
YO YING
ญ หญิง

ฎ
ฎ ชฎา
DO CHA-DA

ฏ ฏ ปฏัก
TO PA-TAK

THO THAN

ฐ ฐ ฐาน

ฑ
ฑ มณโฑ
THO MONTHO
ฒ
ฒ ผู้เฒ่า
THO PHU-THAO

ณ

ณ เณร

NO NEN

ด

ด เด็ก

DO DEK

ต เต่า

TO TAO

ถ ถุง

THO THUNG

ท
ท ทหาร
THO THAHAN

ธ
ธ ธง
THO THONG

น
น หนู
NO NU
บ
บ ใบไม้
BO BAIMAI

ป

ป ปลา

PO PLA

ผ

ผ ผึ้ง

PHO PHUENG

ฝ ฝา
ฝ
FO FA
พ
พ พาน
PHO PHAN

ฟ ฟัน
ฟ
FO FAN
ภ
ภ สำเภา
PHO SAM-PHAO

ม
ม ม้า
MO MA

ย
ย ยักษ์
YO YAK

ร เรือ
RO RUEA

ร

ล
ล ลิง
LO LING

ว
WO WAEN
ว แหวน

ศ
ศ ศาลา
SO SALA

ษ

ษ ฤๅษี

SO RUE-SI

ศ

ศ เสือ

SO SUEA

ห

ห หีบ

HO HIP

พ

พ จุฬา

LO CHU-LA

อ อ่าง
อ
O ANG
ฮ นกฮูก
ฮ
HO NOK-HUK

ก ข ฃ ค ฅ

ซ ฌ ญ ฎ ฏ

ต ถ ท ธ น

ฟ ภ ม ย ร

ห พ อ ฮ

ฌ ง จ ฉ ช

ฐ ฑ ฒ ณ ด

บ ป ผ ฝ พ

ล ว ศ ษ ส

ก

ส

ล

ง
ฬ
ป

ยุ

ฒ

ฎ

 บ

ต

ด

โ

ฌ

ฉุ

ณ

ท

ฒ

ฌ

ญ

ห

ພ

ຟ

ມ

ภ

ฏ

ธ

ຄ
ຢ
ຓ

ด

พ

ใ

พ

พ

ท

If you enjoy this book, please
do support us by leaving an
honest review on Amazon.
Thank you!

www.ingramcontent.com/pod-product-compliance
Lightning Source LLC
Chambersburg PA
CBHW042057110726

48006CB00002B/435